SPIRITISME

ET

FUSIONISME

OU

RÉPONSE DE M. DE TOURREIL VIVANT

À L'ESPRIT DE M. DE TOURREIL

ÉVOQUÉ PAR MM. D'AMBEL ET ALLAN-KARDEC

LYON

IMPRIMERIE ADMINISTRATIVE DE CHANOINE

PLACE DE LA CHARITÉ, 10

1863

AUX SPIRITES

SPIRITISME

ET

FUSIONISME

OU

RÉPONSE DE M. DE TOURREIL VIVANT

A L'ESPRIT DE M. DE TOURREIL

ÉVOQUÉ PAR MM. D'AMBEL ET ALLAN-KARDEC

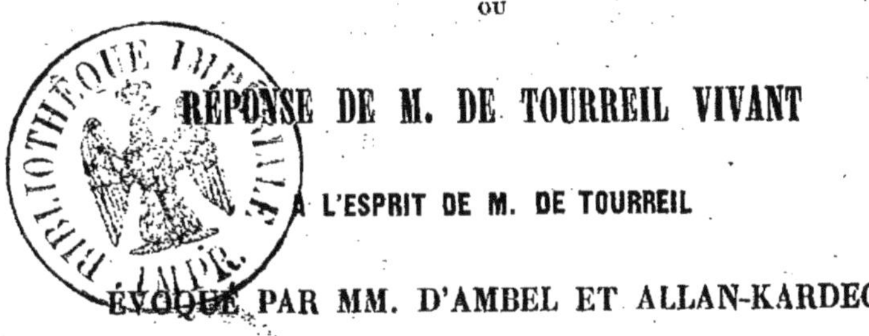

LYON

IMPRIMERIE ADMINISTRATIVE DE CHANOINE

PLACE DE LA CHARITÉ, 10

1863

SPIRITISME ET FUSIONISME

OU

RÉPONSE DE M. DE TOURREIL VIVANT

A L'ESPRIT DE M. DE TOURREIL

ÉVOQUÉ PAR MM. D'AMBEL ET ALLAN-KARDEC

Il apparaît chaque dimanche, sur l'horizon lyonnais, un astre microscopique gratifié par certains esprits errants du nom un peu prétentieux de *La Vérité*. Cet astre, en effet, n'est qu'un simple satellite qui accomplit en sept jours sa révolution autour de la planète *spirite* dont elle réfléchit les rayons plus ou moins lumineux toutes les fois que l'atmosphère de cette dernière n'est point chargée de trop lourds nuages.

Or, dans ses phases des 2 et 9 août 1863, la *Vérité* ayant braqué le télescope sur sa planète, celle-ci lui télégraphia une communication dans laquelle l'esprit de feu M. Louis de Tourreil, l'auteur de la doctrine fusionienne, vient, sous la plume de M. D'Ambel, médium évocateur de la société spirite de Paris, dénier ses principes pour en faire hommage au spiritisme.

« J'ai été attiré vers vous, dit ce prétendu esprit,
« et pour ainsi dire évoqué par la lecture attentive
« que vous venez de faire de mes deux principales

« lettres apostoliques. Je profite donc avec empres-
« sement de l'occasion qui m'est donnée par Allan-
« Kardec de me communiquer à lui et à vous. »

Dans cette mise en scène figurent trois person-
nages, savoir : M. D'Ambel, médium évocateur ;
M. Allan-Kardec, qui procure à l'esprit évoqué l'occasion de se manifester, et enfin le prétendu esprit
de M. de Tourreil, lequel doit profondément re-
gretter celui qu'il a perdu. En effet, malgré la lecture attentive qu'ils viennent de faire et à laquelle
l'esprit de Tourreil a assisté, nos deux docteurs
spirites apprécient la doctrine fusionienne comme
un aveugle-né pourrait juger des couleurs de l'arc-
en-ciel. Et ce qui serait plus étrange, dans l'hypo-
thèse où ils se placent, c'est que l'esprit évoqué a
oublié jusqu'à l'orthographe du nom de la doctrine
qu'il a prêchée pendant trente ans de sa vie.

« Le *fusionnisme* (*sic*), dit-il, que j'avais rêvé
« devoir être la pierre angulaire d'une future et uni-
« verselle communion entre les hommes, a été
« l'œuvre de ma vie entière... »

« ..... Ma philosophie religieuse était éminem-
« ment morale ; mais mes forces *humaines, isolées,*
« ont été impuissantes pour sonder l'existence
« ultra-terrestre, et y trouver le secret de l'éter-
« nelle vérité. »

C'est sans doute au spiritisme qu'est réservée la
puissance de sonder cette existence , de trouver ce
secret !

« Ah ! quand le rayon élevé et lumineux, qui ir-
« radie de l'incréé, vient pénétrer l'intelligence qui
« nous survit, et lui donner toute la latitude intel-

« lectuelle que son avancement comporte, il nous
« est donné de voir ce qui était obscur, d'entendre
« des bruits qui nous échappaient et de compren-
« dre, dans sa splendide unité, cette vaste éternité
« qui sert de domaine et de demeure au *Maître* in-
« créé et *inconnu*, que nous définissons sous le
« nom de *Dieu*. »

Et voilà à quoi se réduit la clarté dont le rayon
élevé et lumineux qui irradie de l'incréé, a pénétré
l'intelligence de M. D'Ambel. Aussi, après cet essai
de *l'arsenal cérébral* du médium, M. de Tourreil,
habitué à trouver mieux quand il opère sur son
propre fonds, s'écrie-t-il tout de suite : « Les langues
« humaines sont si pauvres qu'elles n'ont aucune
« *expression* pour *exprimer* ce que les *yeux* et les
« intelligences des hommes ne peuvent *concevoir*.
« J'éprouve donc une certaine difficulté à trouver
« dans votre *arsenal cérébral* les *expressions* dont
« j'ai besoin pour me faire comprendre. »

Cet arsenal est en effet si mal approvisionné que
l'esprit de M. de Tourreil n'a pu y trouver les élé-
ments d'une distinction des plus essentielles et qui
caractérise la partie dogmatique du fusionisme,
qu'il a si clairement exposée dans ses œuvres.

« Nourri dès mon jeune âge, dit-il, de la lecture
« profonde et un peu obscure de la métaphysique
« allemande, porté par ma nature songeuse à l'é-
« tude des abstractions, et imbu plus tard des idées
« nouvelles ou renouvelées dont s'étaient faits les
« apôtres les idéologues les plus puissants du
« siècle dernier : les Saint-Simon, les Fourrier,
« les Kant et les autres philosophes du Nord,

— 4 —

« j'avais, dans la solitude, *élaboré* et *conçu* le triple
« terme de ce que je nommais le grand *Evadam*,
« et je croyais avoir découvert dans l'infini le *mo-*
« *teur d'une union rationnelle* entre la création et
« son créateur, dont l'ensemble hybride me parais-
« sait alors le *nec plus ultra* de la vérité. Ce néopan-
« théisme ne me semble plus aujourd'hui qu'un
« amas confus de vérités et d'erreurs accouplées,
« de théories mal gestées et de systèmes pleins de
« ténèbres. »

J'avais toujours cru que pour *élaborer* une pensée, un sujet, une œuvre quelconque, il fallait d'a-
bord l'avoir *conçue*. Il paraît que dans le monde des
esprits cette gradation si logique et si naturelle est
intervertie et que l'on y marche la tête en bas et
les pieds en l'air. Après cela, on y voit tant de choses
étranges, dans ce monde des esprits ! Les renverse-
ments y sont si fréquents !...

Aussi ne m'étonné-je nullement que l'esprit de
M. L. de Tourreil, n'ayant pour se manifester,
dans l'occasion que lui en a offerte M. Allan-Kardec,
d'autres organes que ceux du médium M. D'Ambel,
ait pu confondre le grand *Evadam*, qui est *qua-*
terne, avec le MAP suprême et éternel, qui seul
est *trine* (1).

(1) Le mot *Evadam* est formé des noms *Eve* et *Adam*. Le
mot MAP est formé des premières lettres de chacun des mots
Mère Amour Père. MAP résume la trinité primordiale et essentielle de Dieu. L'*Evadam* représente l'homme universel,
c'est-à-dire l'ensemble des manifestations plastiques ou *qua-*
ternaire, par lequel Dieu se délimite, revêt la forme universelle, se fractionne et crée par ce moyen l'espace et le temps,
la multiplicité et la diversité, le mouvement et le repos.

Pourtant, de leur aveu, ces messieurs venaient de lire attentivement les lettres apostoliques, du moins les deux principales, que toutefois ils ne désignent pas. Or, j'ai sous les yeux la collection toute entière de ces lettres, et voici ce que je lis dans celle écrite à M. X..., à Vendôme. Elle porte le n° 18 de la collection.

« Vous me demandez si l'homme ne serait pas quaternaire au lieu d'être trinaire.

« Je vous réponds tout d'abord, conformément à notre crédo, que l'homme universel primitif, l'engendré immédiat de Dieu, celui que nous appelons le Verbe, le grand Evadam, celui-là seul est quaterne.

« Mais l'homme individuel, l'engendré immédiat de l'homme universel, celui-là est quine. »

Et ailleurs : « Dans le premier instant de la création, instant qui se confond avec l'éternité, la manifestation universelle est infinie, et tous les instants qui suivent produisent également une série de créations *infinies*, dont l'ensemble total, embrassant l'éternité entière, compose la manifestation adéquate de Dieu.

« C'est là le divin quaternaire, le grand Evadam, le fille-fils unique de Dieu, complet et parfait. »

Voyons maintenant comment M. de Tourreil considère les trois termes qui constituent la trinité divine.

« Dieu considéré par abstraction, indépendamment de toute manifestation, est seul trine. Il est dans sa nature essentielle ou phase simple :

1
ÈTRE

2
VIE

3
AMOUR

« L'*être* est le principe *passif* ou femelle.

« La *vie* est le principe *actif* ou mâle.

« L'*amour* est le principe *mixte* ou androgyne.

« Voilà les trois grands agents chimiques d'où provient toute la création ; c'est la substance divine conçue abstractivement dans son état primordial ou essentiel.

« Or, l'être ne peut exister sans la vie, parce qu'il serait la mort.

« La vie ne peut exister sans l'être, parce qu'elle ne serait pas.

« L'être et la vie ne sauraient exister sans l'amour, parce qu'ils ont besoin de lui pour être unis et composer l'être vivant.

« Enfin, l'amour n'aurait aucune raison d'être si l'être et la vie n'existaient pas.

« Ainsi ces trois termes : *Etre, Vie, Amour*, sont *unis inséparablement*, coéternels, et ne forment de toute l'éternité qu'une seule et même chose, l'être un, essentiellement vivant ou Dieu.

« Dieu est donc femelle, mâle et androgyne dans son unité trinaire.

« Il est simultanément de toute éternité mère, père et amour. Son nom sacré et véritable est Mère Amour Père, dont le monogramme mystérieux présente les lettres M A P. »

Tels sont les termes dans lesquels M. L. de Tourreil exposait l'essentialité de l'être, de son vivant. Voyons ce que vous faites débiter par son es-

prit maintenant que vous le dites pénétré du rayon
élevé et lumineux qui irradie de l'incréé.

« Je suis encore dans l'enfance de mon nouvel
« état, et pourtant je comprends Dieu, l'infini, l'é-
« ternité sans les apercevoir encore.

« Je crois donc pouvoir définir Dieu, l'infini, l'é-
« ternité, en un seul mot, l'*être!* Ce terme remplit
« tout, contient tout et n'a pas de limites. » Et
comme corollaire, vous lui faites dire, quelques li-
gnes plus loin, que « son vase, le fusionisme, ne
« contient ni Dieu, ni l'infini, ni l'éternité. » Il
s'empresse ensuite de reconnaître que : « Autant
« l'homme dépasse, par son intelligence et sa puis-
« sance créatrice, la masse des autres êtres cor-
« porels de la vie terrestre, autant l'intelligence des
« esprits des hautes sphères dépasse en puissance
« de conception et de création celle des hommes, si
« orgueilleux cependant de leur petite science.

« Et au-dessus de ces esprits, d'autres intelligences, et au-dessus de celles-ci, d'autres encore de
plus en plus élevées jusqu'aux resplendissantes
entités qui s'ébattent dans le rayonnement de
Dieu ! »

Est-ce bien là ce que vous appelleriez un beau
langage ?... Il ne sera pas sans intérêt de mettre en
parallèle la pensée de M. de Tourreil vivant sur la
gradation de l'être, écoutez :

« Le jour où l'homme saura qu'il existe pour
réaliser l'*être universel*, il ne pourra plus alors con-
sidérer les différentes formes sociales et les différentes législations comme le produit du caprice ou
du hasard.

« Il ne pourra pas non plus regarder le monde comme un composé incohérent, régi par des lois inintelligentes, et sujet un jour à tomber en ruine.

« Pour lui, dès ce moment, tout marchera harmoniquement vers une fin commune et toujours la même.

« Il saura que l'individu, une fois créé, a pour but primordial de composer le couple ;

« Que le couple a pour but de composer la famille ;

« Que la famille a pour but de composer la tribu ;

« Que la tribu a pour but de composer la cité ;

« Que la cité a pour but de composer la nation ;

« Que la nation a pour but de composer l'humanité ;

« Et que l'humanité a pour but de composer l'être universel.

« Quant à l'univers, l'homme saura que tout s'y tient, s'enchaîne ; que toutes les parties y vivent les unes des autres et les unes dans les autres, afin que chacune, se mêlant et s'assimilant à tout, arrive un jour à réaliser le tout.

« Il saura que le métal, première manifestation de la planète à l'état d'ignition, a pour but de composer le minéral, au moyen de l'eau, produite par la combinaison des fluides dégagés du noyau métallique incandescent ;

« Que le minéral et l'eau ont pour but de composer le végétal, au moyen de l'air, produit également par la mixtion des fluides ;

« Que le végétal a pour but de composer l'animal rudimentaire, par l'élaboration de ses sucs en se décomposant ;

« Que l'animal a pour but, par la modification successive et insensible de son type, de composer l'homme ;

« Et que l'homme ensuite, progressant toujours, devient génie, ange, archange, séraphin, etc. en montant ainsi graduellement dans la série séraphique jusqu'à Dieu.

« Il saura aussi que la matière cosmique a pour but de composer une comète ;

« Que la comète a pour but de composer une lune à noyau métallique et incandescent ;

« Que la lune a pour but de composer une planète ;

« Que la planète a pour but de composer un soleil ;

« Que le soleil a pour but de composer une étoile ou la lumière intelligente ;

« Que l'étoile a pour but de composer un groupe poly-harmoni-stellaire, ou une association de sphères lumineuses et intelligentes ;

« Enfin que le groupe poly-harmoni-stellaire, s'associant de plus en plus avec les groupes ayant le même degré de perfection que lui dans la région lactéenne, a pour but de composer successivement, en montant vers Dieu, une unité poly-harmoni-éthéréenne, super-éthéréenne, empyréenne et universelle, dernier terme de l'épanouissement humain dans l'espace et dans le temps (1). »

(1) Il ne faudrait pas conclure de là que la terre, par exemple, avec la substance qui la constitue aujourd'hui et en l'état où elle est, puisse jamais devenir un soleil ; les lois du monde s'y opposeraient. Le refroidissement produit

Vous voyez que si M. de Tourreil a *« cherché la vérité sur les sommets de l'intelligence humaine, dans les replis de la conception cérébrale, dans les plus hautes aspirations de l'amour, »* il a su, contrairement à ce que vous faites dire à son esprit, l'y entrevoir, et je ne sache pas que les conceptions spirites se soient jamais élevées à cette hauteur. C'est précisément lorsqu'il s'abandonne à ces élucubrations malsaines, à ces hallucinations sans contrôle, que l'on peut dire que « l'homme est peu de chose, « et que son orgueil paraît ridicule et mesquin. » C'est lorsqu'il méconnaît sa raison, qu'il fait abnégation de sa volonté, qu'il annihile son intelligence au profit d'un rêve de son imagination détraquée, que *« le rayon d'en haut n'éclaire plus que des haillons d'une pourpre misérable. »*

Vous faites ensuite dire à M. L. de Tourreil qu'il lui manquait un guide infaillible : *la foi !* et un con-

---

par le rayonnement de la chaleur terrestre vers les espaces planétaires suffirait seul pour rendre cette transformation impossible, et il en est de même de tous les corps célestes. La comète ne peut devenir lune, la lune planète, la planète soleil, que par le triple mouvement d'émanation, d'absorption et d'assimilation de leur substance, de manière que chaque partie du tout s'assimilant au tout, parvienne à réaliser le tout. C'est ainsi que M. de Tourreil l'entendait, et il l'explique ici quand il dit que « le soleil a pour but de former une étoile ou la lumière intelligente ; que l'étoile a pour but de former un groupe poly-harmoni-stellaire, etc. » Il est bien c'air qu'il entend par là non-seulement la transformation de la substance pondérable des corps célestes, mais encore la transformation intellectuelle de tous les êtres de l'univers, ce qui ne peut avoir lieu que par la grande loi régénératrice du monde, la *loi de fusion.*

seiller tutélaire : son *ange gardien !* qu'il s'était
« *appuyé sur les forces vives de son intelligence, de
sa raison, de sa volonté.* » On voit que vous êtes médium psychographe, M. D'Ambel, et que vous faites
volontiers abandon de votre intelligence, de votre
raison, de votre volonté en faveur de vos hallucinations spirites. Peut-être pensez-vous qu'il eût
mieux valu, pour M. de Tourreil, de suivre la même
voie !

Il est permis toutefois de contester l'efficacité du
moyen quand on met en parallèle les productions
spirites avec les hautes conceptions intellectuelles
de celui que vous faites se déjuger d'une manière si
étrange. Vous prétendez que M. de Tourreil n'avait
pas la foi; en effet, M. de Tourreil manquait de foi,
mais de cette foi de fétichiste ou de païen anthropo-
morphite, qui s'applique à la première absurdité ou
à la première niaiserie venue, sans exercer aucun
contrôle. Mais écoutez ce que M. de Tourreil dit de
la foi :

« La croyance ou la *foi* suppose et implique toujours la connaissance à un certain degré, tandis
que la connaissance n'implique pas toujours la foi
ou la croyance.

« Pour croire à quelque chose, il faut avoir la
conviction que cette chose existe et qu'elle est telle
qu'on la conçoit, quelle que soit d'ailleurs la nature
de la certitude. Donc, la croyance nécessite préala-
blement la connaissance. L'on ne peut pas croire
ou avoir foi en une chose dont on ne soupçonnerait
point l'existence ou dont on douterait de la réalité.

« ….. La foi n'existerait pas si l'individu ignorait

ce qu'il doit croire ou n'était point persuadé. Et c'est justement ce qu'on avoue, quand on dit que si l'on n'avait pas conçu ce que l'on annonce, on ne le pourrait pas croire.

« La conception a donc précédé la croyance ou la foi. L'homme a dit d'abord : *je sais* ; puis, comme confirmation de la connaissance qu'il avait de la vérité, il a dit : *je crois*.

« La *connaissance*, comme vous le voyez, est le premier degré de la conscience ; la *croyance* en est le second. L'un se borne à la simple constatation de la chose connue, l'autre en est l'*acceptation* et la *confirmation*. »

Voilà comment M. de Tourreil comprend la foi.

Maintenant voulez-vous savoir ce qu'il entend par la *révélation* que vous voulez réduire aux communications spirites ? Ecoutez encore :

« Qu'est-ce qu'une révélation religieuse ?

« Une révélation religieuse est un *dévoilement* de l'esprit, ou une *illumination* divine, par laquelle Dieu montre synthétiquement soit en partie soit en totalité à un individu, selon le degré de son aspiration, de son intelligence et de son amour, le secret des lois universelles, dans l'intérêt du perfectionnement des hommes et de leur plus grand bien en ce monde et dans l'autre.

« La révélation religieuse est donc une lumière soudaine, qui s'épanouit en nous par la déconcrétation de notre être, et remplit l'intelligence d'une clarté plus grande que celle dont on jouissait auparavant.

« En illuminant l'homme, cette lumière lui fait

voir plus nettement ce qui se passe en lui et hors de lui. Elle lui montre la *vérité* d'une manière intuitive, soit intégralement, soit en partie.

« Par la révélation religieuse, l'homme grandit dans la vie et dans la perfection ; il connaît mieux la loi morale, sent mieux la solidarité avec ses semblables, avec le monde et voit mieux ses rapports avec Dieu.

« Enfin, quand la révélation est complète, l'homme connaît parfaitement alors son *origine*, sa *nature*, sa *fin* ou sa *destinée* pour être heureux.

« Voilà ce qu'est la révélation religieuse. »

Le spiritisme s'est-il jamais élevé à cette hauteur de pensée ; a-t-il jamais exposé des principes aussi vrais avec autant de netteté, de précision, avec une logique aussi ferme ? Sont-ce vos communications spirites d'un sens vague, indécis, vos moralités creuses, votre dogmatique en perpétuelle contradiction d'une communication à l'autre, que vous ferez accepter au monde comme la révélation complète de la vérité au triple point de vue de la connaissance de Dieu, du monde, de l'homme ? Vous ne péchez point par excès de modestie, aussi faites-vous carrément débiter à l'esprit de **M.** de Tourreil la tirade que voici :

« Ce que je n'ai pas aperçu d'une manière nette
« et lucide, c'est l'intervalle immense qui existe
« entre l'homme et son procréateur. Pour moi, après
« la vie terrestre, les âmes s'assimilaient, s'identi-
« fiaient, se fusionnaient à leurs pareilles en bien
« ou en mal, et allaient jouir ou souffrir dans les
« parties lumineuses ou obscures du soleil, sui-
« vant la progression de leurs sœurs de la terre.

« C'était un rêve, un mirage trompeur, qui avait
« séduit mon imagination insatisfaite des vieilles
« révélations et que la clarté de la mort a dissipé
« comme un brouillard matinal, en me permettant,
« enfin, d'entrevoir mieux, *sinon dans sa beauté,*
« *l'incommensurable vérité.* (Quid ?)

« *Mais j'ai préparé les voies, et la petite cohorte*
« *de mes frères apostoliques est prête pour recevoir*
« *l'enseignement spirite.* »

Et voilà ce qui s'appelle poser son thème sans
ambages... Ah ! vraiment, vous croyez que M. de
Tourreil n'a pensé, réfléchi, mûri ses grandes révélations pendant trente ans, que pour préparer l'avé-
nement du spiritisme ! Voilà une singulière prétention ! Eh bien ! écoutez-moi : j'ai étudié le spiritisme ;
j'ai été médium ; pendant cinq ans et plus je me
suis livré à cette influence que vous appelez communications spirites ; j'ai éprouvé des effets étranges ; j'ai trouvé sous ma plume des pensées bi-
zarres, judicieuses, quelquefois spirituelles ou
même sublimes, écrites en *français,* en *latin,* en
italien, plus rarement en *grec,* jamais en *hébreu,* et
encore moins en *syriaque.* C'est vous dire que,
quelque influence qui m'ait dominé, je n'ai jamais
su écrire ce que je ne savais pas. La valeur des
prétendues communications dont j'ai été favorisé,
s'est constamment mesurée à la hauteur de mes aspirations morales, de mes facultés intellectuelles, de
mes connaissances philosophiques, linguistiques ou
littéraires. J'ai observé beaucoup le phénomène et
je n'ai pu y découvrir qu'un état pathologique d'une
nature spéciale qui tient peut-être de l'hallucination

et qui conduirait inévitablement à la folie celui dont la raison ne serait pas assez ferme pour se maintenir dans de justes limites. Toutefois cette faculté ou cette maladie, comme vous voudrez l'appeler, m'a valu un avantage inappréciable, c'est de m'amener à réfléchir sur l'état de mon cœur et de faire revivre en moi ces grands sentiments qui se partagent l'âme humaine. J'ai appris à me connaître et à juger sans orgueil de la portée de mon intelligence. C'est que, dès l'apparition du phénomène, j'ai cru voir, dans cet état étrange, qu'on appelle la *médianimité*, un but providentiel, un moyen dont Dieu se sert pour amener la réforme morale et intellectuelle de l'individu. Je puis donc dire que cet état m'a servi à mûrir mon intelligence à réformer mon cœur. Aussi, ai-je élaboré sous cette influence des pensées qui se sont trouvées en parfaite analogie avec les grands principes exprimés par M. de Tourreil, dans ses lettres apostoliques. Et quand providentiellement ces lettres me sont tombées dans les mains, j'ai compris que la médianimité, déjà fort atténuée du reste, devenait tout à fait superflue pour moi. Loin donc de me servir des sublimes déductions de M. L. de Tourreil pour arriver au spiritisme, j'ai suivi la route tout opposée et je remercie Dieu d'avoir ouvert mon esprit et mon cœur à la compréhension de cette belle *loi d'amour et de justice* qui doit engendrer l'harmonie parmi les hommes.

Ah ! le monde serait bien malade et nous courrions grand risque de retomber au niveau des Papous, des Cafres ou des Boutocoudos, si nous n'avions d'autre lumière et d'autres guides que les *manitous spirites* pour nous conduire vers la *lumière incréée*.

La doctrine fusionienne qui de l'aveu de l'esprit de L. de Tourreil n'aurait pour *base* que les *fondements* fragiles de l'intelligence humaine, qui n'aurait été comprise par aucun de ses disciples ; savez-vous bien sur quels principes elle repose ? — On voit à votre manière d'interpréter l'esprit que vous évoquez, que c'est votre propre intelligence qui n'a pu s'élever à la compréhension de cette sublime théorie ! Pour vous prouver que M. de Tourreil a été compris et est très-compréhensible pour tous ceux qui veulent appliquer leur intelligence à une étude sérieuse, écoutez cette argumentation sur l'existence de Dieu :

« *Rien ne vient de rien*, c'est un axiome incontestable.

« Toutes les individualités que nous connaissons sont générées. Or, tout être généré a un auteur et ne peut se servir de principe à lui-même. Il n'y a que Dieu, l'être sans borne, qui n'ait point de générateur, et qui soit son principe à lui-même. C'est ce que nous allons démontrer.

« Puisque l'être *est*, ou il a *toujours été* ou il aurait été *précédé* par le *non-être*. Entre ces deux propositions, il n'y a pas de milieu.

« Mais le *non-être* étant impuissant à rien produire, s'il avait précédé l'*être*, jamais l'être n'aurait existé. Cela est évident.

« Donc puisque l'*être est*, c'est qu'il a nécessairement *toujours été*, et cette preuve est absolue.

« Maintenant, l'être n'ayant point eu de *commencement*, étant de toute *éternité* et de lui-même, il ne peut avoir de *fin*.

« Il est donc *infini* en durée.

« Mais l'être *infini* en *durée* est *infini* en *étendue* par la raison qu'il n'y a qu'un être *sans borne* qui soit véritablement *inaltérable* et *éternel*. Conçoit-on qu'il fût possible de retrancher quelque chose à un être sans borne pour l'amoindrir et le détruire ? Où mettre ce qu'on lui enlèverait, dès que toute l'étendue et tout l'espace sont en lui ?

« Or, un être *infini* en durée, *infini* en *étendue* possède nécessairement la *plénitude de l'être*, c'est-à-dire qu'il est la totalité de la substance, et qu'il a en soi toutes les puissances et toutes les variétés de phénomènes possibles, qu'il manifeste durant la vie éternelle. »

Apercevez-vous bien où nous conduit ce raisonnement des plus apodictiques ? Ne voyez-vous point là le grand principe de l'*unité de substance ?* Et de l'unité de substance dérive la *loi de fusion* qui nécessite l'*universalisation* de l'être et non l'éparpillement des forces humaines dont l'isolément résulterait bien plutôt des élucubrations spirites.

Si M. de Tourreil s'est posé en chef d'école, c'est qu'il en avait le droit au même titre que Newton et Laplace ont pu se dire les inventeurs de la théorie de l'attraction et de la mécanique céleste. Mais vous, quels sont vos titres ? Quels gages avez-vous donnés à la science ? Est-ce avec un livre rempli de contradictions et d'erreurs que vous espérez régénérer le monde ? Votre ton de prophète, l'auréole de sainteté dont vous couronnez votre front, la prérogative d'infaillibilité que vous vous arrogez sans façon, ne sauraient dissimuler vos misères spirites qui ne sont propres qu'à fasciner quelques intelligences atrophiées, mais ne serviront jamais de base à une religion nouvelle.

Encore si vous vous présentiez, à défaut d'idées neuves, avec le prestige du langage ! Mais non, on dirait que l'esprit qui vous dicte a fait son cours de grammaire et de littérature dans les carrefours ou les halles. Voyez ce que vous faites dire à l'esprit de L. de Tourreil :

« Mais c'est assez causer de moi.

« Laissons le *fusionisme* sous la pierre tumu-
« laire qui recouvre mes restes et occupons-nous
« de la *vraie vérité* que les esprits de Dieu vous ont
« révélée ; mon frère, parlons du spiritisme. »

Très-bien ! mais parlons d'abord de la *vraie vérité*, et de la vérité qui ne serait pas vraie ; expliquez-nous cette charade. J'ai bien ouï parler quelquefois d'une vérité officielle et d'une vérité vraie. Ainsi, par exemple, les bulletins d'une bataille diront : nous avons perdu 500 hommes, quand en réalité mille ont succombé au champ d'honneur. Il y a bien là une vérité officielle, qui n'est point la vérité, et une vérité vraie ; mais en philosophie, en mathématique, en *spiritisme* surtout, qui se présente comme une doctrine de salut, je ne savais pas qu'il pouvait y avoir des *vérités* qui ne fussent pas *vraies*.

D'un autre côté, permettez-moi de vous exprimer tout mon étonnement de ce que M. de Tourreil qui, vivant, a écrit dans son testament : « Je recommande expressément que l'on m'enterre dans la fosse commune et de la manière la plus simple possible (corbillard des pauvres), » que M. de Tourreil, dont les restes reposent au cimetière du Montparnasse, où ils ont été déposés conformément à sa volonté dernière, voie, maintenant qu'il est à l'état d'esprit, une pierre *tumulaire* recouvrir son corps en même temps que sa doctrine !... Mais vous ignoriez cette clause du testament de M. L. de Tourreil, et votre *arsenal cérébral* est demeuré insuffisant pour procurer à l'esprit le moyen de manifester cette pensée.

Maintenant que le fusionisme est enterré sous la pierre tumulaire qui recouvre les restes de son auteur, *hosannah !* au spiritisme et à son grand-prêtre.

« Oh ! que vous êtes heureux d'avoir été choi-
« sis, chers spirites, pour recevoir la parole sainte,
« ce pain de vie des élus, et d'avoir été appelés à
« la répandre parmi vos frères de la terre ! Et vous,
« *porte-voix des esprits* (médiums, M. D'Ambel),
« humbles travailleurs de la dernière heure, qui
« apportez à l'humanité la sanction divine qui allait
« lui manquer, sanctifiez-vous par la prière, soyez
« bénis ! Et vous (M. Allan-Kardec) *l'oint du Sei-*
« *gneur*, le disciple favori du maître, le *pasteur*
« (pape spirite) du troupeau terrestre, entonnez le
« cantique des cantiques ! »

Ah ! en vérité, c'est attendrissant, et vous ne manquerez pas, lecteurs de la *Vérité* et du *Livre des Esprits*, de rendre aux esprits *des hautes sphères,* des actions de grâce pour avoir bien voulu descendre jusqu'à MM. Allan-Kardec et D'Ambel qu'ils ont choisis l'un pour *guide,* l'autre pour *porte-voix,* dans cette merveilleuse communication, où ils ont reconnu et constaté que « les progrès humains s'étant largement « développés dans le sens pratique, matériel, les « bases traditionnelles de la religion, de la philo- « sophie et de la pensée ne suffisaient plus aux be- « soins moraux et *intellectuels* des *intelligences ;* » et comme quoi tous les systèmes étant bien et dûment enterrés, aussi bien que la doctrine fusionienne, ce sera au spiritisme à atteindre le *summum légal de l'humanité.*

Ah ! vous croyez pouvoir régénérer la constitution sociale au moyen des données creuses du *spiritisme !* C'est là une grave erreur, qui prouve que vous avez peu médité sur les causes des transformations sociales. Vous ignorez que chaque fois qu'une religion succède à une religion, il faut, en vertu de la loi du progrès, qu'elle lui soit supérieure. C'est ainsi que l'humanité a eu successivement le fétichisme, le panthéisme, le polythéisme et le monothéisme.

Chaque religion engendrant sa forme sociale :

Le *fétichisme* a donné naissance à la *patriarchie,* régime de la famille et de la tribu ;

Le *panthéisme* a donné naissance à la *panthéarchie,* régime des *castes* agglomérées par le pouvoir sacerdotal ;

Le *polythéisme* a donné naissance à la *polyarchie,* régime de la *cité* fédérée à d'autres cités ;

Le *monothéisme* a donné naissance à la *monar-chie*, régime de la *nation*.

Et maintenant le *fusionisme* va donner naissance à l'*omniarchie*, régime de l'humanité tout entière, reliée par un principe unique, qui fera vivre tous les individus d'une même vie solidaire, comme s'ils avaient à eux tous ensemble un même esprit, un même cœur et une même volonté.

Qu'est-ce donc que le fusionisme ?

M. L. de Tourreil vivant nous a démontré l'*unité de substance* ; c'est là le grand *principe* d'où il déduit toute sa sublime théorie. Mais ce principe démontré suppose nécessairement une *fin*.

« Or, la fin de l'homme, c'est l'*universalisation*.

« Cette *fin*, la plus élevée possible, ne saurait être accomplie sans un *moyen* proportionné à sa grandeur.

« Ce moyen, c'est la *loi de fusion*.

« Mais qu'est-ce que la loi de fusion ?

« La loi de fusion est une loi naturelle générale, et régissant tous les êtres sans exception ; c'est par elle que l'homme se mêle incessamment à tout pour réaliser progressivement l'unité universelle, c'est-à-dire la *plénitude de l'être* ou Dieu.

« A l'aide de cette loi, la conscience individuelle, limitée maintenant par le corps dans l'espace et le temps, doit s'affranchir un jour du temps et de l'espace, en revêtant tous les corps infinis qui constituent l'universel.

« Arrivé à ce terme, le *moi* humain, présent dans tous les êtres et dans tous les lieux à la fois, jouit alors de l'ubiquité divine, de l'omniscience, de l'omnivoyance, et réalise l'*universiforme* ou la corporéité de Dieu.

« Pour cela, tous les êtres, sans exception, ont dû posséder la faculté de s'épanouir les uns dans les autres, en se pénétrant réciproquement et se combinant ensemble pour former un seul être universel.

« De là trois sortes d'actions simultanées, qui rendent la loi de fusion trine dans son unité, savoir : l'émanation, l'absorption et l'assimilation.

« Par exemple, si nous observons la loi de fusion dans l'homme, comme étant l'être chez lequel elle s'accomplit le plus parfaitement, nous voyons que chaque individu transpire et rayonne sans cesse autour de lui *physiquement, intellectuellement* et *sympathiquement,* sous un mode fluide, la propre substance de son être, qui se mêle et se combine à tout : c'est l'*émanation.*

« D'un autre côté, l'homme possède la faculté d'attirer à lui, de recevoir et d'absorber l'air, l'eau, les aliments divers, le calorique, l'électricité, les sons, les odeurs, la lumière, les sentiments, les idées, etc. au moyen de la respiration, de la manducation, de la porosité, des sens, de l'aspiration, etc. cette faculté, c'est l'*absorption.*

« Enfin, par une triple nutrition *physiologique, intellectuelle* et *morale,* l'homme élabore, s'approprie et change en sa propre substance une partie de ce qu'il a absorbé : c'est l'*assimilation.*

« Ainsi, par l'*émanation,* l'*absorption* et l'*assimilation,* il se fait chez l'homme une élaboration qui élève incessamment la matière ou la phase concrète de la substance, de l'état d'inconscience à la dignité de la conscience, de la pensée et de l'amour. Le corps et l'âme de chacun de nous, renouvelés sans cesse par cette chimification divine, tout en conservant leur identité, donnent continuellement leur propre substance aux autres et reçoivent la leur en retour, qu'ils s'assimilent et gardent éternellement ; car l'homme ne se départ jamais plus de ce qu'il a une fois possédé. »

Vous le voyez, M. D'Ambel, ce ne sont point là des *théories mal gestées*, des *systèmes pleins de ténèbres*. Ce sont, au contraire, des démonstrations tellement précises, tellement claires qu'il n'y manque que la formule algébrique pour la faire passer dans le domaine des mathématiques.

Les *théories mal gestées* sont bien certainement, au contraire, dans les doctrines spirites, et les *ténèbres* dans le cerveau des médiums évocateurs d'esprits, qui se battent les flancs pour exprimer des choses dont ils n'ont pas la moindre idée et qu'ils ont cependant la prétention de nous faire accepter comme des révélations des esprits supérieurs.

Au surplus, puisque vous tenez aux communications spirites, je vous citerai, en terminant, l'appréciation que j'ai reçue par cette voie de la doctrine fusionienne, le 10 mai 1862, alors que j'étais encore doué de la faculté médianimique ; la voici :

« Une doctrine qui se présente avec pureté, raison, sentiment ; qui rend compte des faits de la vie, donne la raison de la destinée, fait comprendre Dieu et le but de la création tout entière , est évidemment la doctrine que tous les hommes de sens et de raison doivent accepter. — Etudie donc, et pénètre-toi des vérités que la doctrine fusionienne renferme ; soumets-les à ce triple creuset, et quand elles satisferont aux trois conditions de raison, de logique et de sentiment, accepte-les, sans hésitation. »

Chanoine, imprimeur à Lyon.

9 782019 967284